Rolf Börlin ist in der Schweiz aufgewachsen. Studium der Germanistik, Geschichte und Philosophie. Seit bald 30 Jahren lebt er mit Frau und Tochter in Deutschland. Was den Autor geprägt hat, ist die tiefe Erfahrung, dass wir Menschen in unserem Herzen mit dem göttlichen Bewusstsein verbunden sind und von dort Hilfe bekommen, wenn uns das ein Anliegen ist. Diese Erfahrung ist die Wurzel für seine Bücher.

Rolf Börlin

Zur Besinnung kommen

Bewusstsein ist der Weg

Das vorliegende Buch ist sorgfältig erarbeitet worden. Dennoch erfolgen alle Angaben ohne Gewähr. Weder Autor noch Verlag können für eventuelle Nachteile oder Schäden, die aus dem im Buch gemachten praktischen Hinweisen resultieren, eine Haftung übernehmen.

© 2020 Rolf Börlin
Umschlag: Rolf Börlin
Titelbild: © iStock-888669212

Verlag & Druck: tredition GmbH, Halenreie 40-44, 22359 Hamburg

978-3-347-09254-9 (Paperback)

978-3-347-09255-6 (Hardcover)

978-3-347-09256-3 (e-Book)

Inhaltsverzeichnis

Vorwort

Wir Menschen brauchen keine neue Weltordnung und keine Weltregierung, die uns von außen aufgedrückt wird. Das führt nicht zur Einheit, sondern nur zu einer aufgezwungenen Gleichmacherei, über der die Angst und der Zwang thronen. Was wir brauchen ist ein Bewusstseinswandel hin zur natürlichen Intelligenz des Seins, in der unser wahres Wesen lebt. Das ewige Bewusstsein verbindet uns alle von innen her im Lichte der natürlichen Harmonie, der Freiheit und der Leichtigkeit des Seins.

Darum ist Bewusstsein der Weg, der uns Menschen befreit, der uns erlöst von der Enge, die uns quält und energetisch gefangen hält. Im Willen der natürlichen Ordnung, Weisheit, Liebe und Güte des Seins blühen wir auf zu unserem wahren Selbst.

Mein Herz hat mir ein inneres Bild geschenkt, das mir schon oft geholfen hat: Nehmen Sie ein Blatt Papier und machen Sie darauf mit einem schwarzen, dicken Stift einen Punkt. Und nun stellen Sie sich vor, dass

Sie den Punkt von so nahe sehen, dass alles nur schwarz ist. Das ist nicht schön!

Jetzt gehen Sie wieder ein bisschen weiter weg, und dann ist das Schwarze schon bald wieder nur ein Punkt. Sehen Sie nun das Blatt als Licht. Gehen Sie dann noch weiter weg und stellen sich vor, dass das Licht nicht durch den Blattrand begrenzt, sondern unendlich ausgedehnt ist. Und Sie gehen immer weiter weg vom Punkt, der so zum Pünktchen wird, das immer noch kleiner und noch kleiner wird, bis es schließlich unsichtbar ist.

Mit anderen Worten: Nicht die Situation, in der wir sind, ist für uns von Bedeutung, sondern wie wir sie sehen und von welcher Perspektive aus wir sie wahrnehmen.

Der Weg, der uns befreit, ist der Herzensweg. Es ist der Bewusstseinsweg. Wenn wir mit dem Herzen zu schauen und zu hören lernen, entfernen wir uns immer weiter weg von dem bedrohlichen, schwarzen Feld, das dadurch für uns immer mehr nur zum Punkt und schließlich zum Pünktchen wird, bis es ganz aus unserem Gesichtsfeld verschwindet.

Mit dieser Perspektive müssen wir vor unserem eigenen Schatten nicht mehr flüchten und können auch unser Ego und unser Verhalten, unsere Gedanken, Glaubenssätze, Haltungen und Gemütszustände herzensneutral und bewusst betrachten, was uns ermöglicht, uns zu verändern. Wir müssen den Schatten nicht hilflos verdrängen, um nicht unterzugehen, sondern wir können uns von ihm und seiner Bedrohung im Licht des Bewusstseins mehr und mehr lösen. Wir sind dann am Ende des Weges nicht mehr der Schatten und das Dunkle, sondern wir sind Bewusstsein und Licht. Wir sind das freie Kind des ewigen Bewusstseins.

Jeder kann jederzeit mit der Lösung seines Schattenanteils in dieser Welt beginnen, in welchem Rang, in welcher Position, in welcher Stellung er auch ist, ob er reich oder arm, jung oder alt, erfolgreich oder weniger erfolgreich ist, ob er viel oder wenig Einfluss hat. Jede Herzensöffnung bewirkt Wunder und löst die eigenwillige Illusion, in der wir eingesperrt sind, wieder auf.

Frei, glücklich und erfüllt sind wir einzig im ewigen Bewusstsein in uns, wenn wir im göttlichen Urfeld des Seins wieder unsere innere Heimat finden. Jeder Mensch hat einen anderen Weg in diese innere Heimat, die wir einst verlassen haben. Keinem ist es verwehrt, sich von der göttlichen Urquelle in uns wieder in diese innere Heimat führen zu lassen.

Mit dem vorliegenden Buch möchte ich Sie ermutigen, sich auch vom Herzens-Bewusstsein in uns in die innere, geistige Heimat führen zu lassen. Gerne empfehle ich Ihnen auch meine beiden Vorgänger-Bücher: „Schluss mit dem bösen Gott" und „Die Freiheit kommt vom Herzen", die beide auch im Verlag tredition erschienen sind.

Gott wahrnehmen

Gehören Sie auch zu den Menschen, die glauben, dass Ihnen Gott noch nie begegnet ist, dass Sie Gott noch nie erlebt haben? Ich denke, dass Sie sich irren!

Sind Sie auch froh und dankbar, dass Sie in einem Land leben dürfen, in dem es keinen Krieg gibt? Indem es keine Kriegswirren gibt, keine Kriegsgewalt, keine Kriegsverletzten, keinen Kriegsterror, keine Kriegstrennungen?

Wer schenkt Ihnen diese Dankbarkeit? Wer lässt Sie erkennen und fühlen, was für ein Irrsinn und Wahnsinn Krieg ist? Und was für ein Geschenk es ist, in Frieden miteinander leben zu dürfen?

Wie würde Ihr Leben sein, wenn Ihnen das Glück eines friedlichen Zusammenlebens nicht bewusst wäre? Wenn der Hass oder die Wut sie steuern würden, wenn sie in Überheblichkeit gefangen wären?

Bestimmt haben Sie auch manchmal Ängste. Und diese Ängste haben Macht über Sie. Diese Ängste drängen Sie. Diese Ängste bestimmen Ihre Gefühlswelt, beeinflussen Ihre Entscheidungen.

Wenn Sie nun plötzlich klarer sehen, statt von den Ängsten blind gelebt zu werden. Wenn Sie plötzlich wahrnehmen können, was da mit Ihnen passiert. Wenn Sie plötzlich wie beobachten können, eine höhere Warte einnehmen können, die Ihnen das Geschehen aus einer anderen Sichtweise zeigt, dann können Sie sicher sein, dass das ewige Bewusstseinsfeld, das ich Gott nenne, Sie ein Stück weit aus dem Gedanken- und Gefühlssumpf herausgehoben und in sich aufgenommen hat, auf dass Sie das Ausgeliefertsein mit Bewusstheit und Erkenntnis ersetzen können.

Nehmen Sie dieses Geschehen bewusst wahr, und Sie nehmen Gott bewusst wahr. Sie empfinden sich dann nicht mehr als das hilflose, leidende Ego, sondern als Kind des Bewusstseins, das Ihnen ermöglicht, beobachtend über dem Ego zu stehen und sich frei zu fühlen. So werden Sie dankbar und finden ein neues Vertrauen.

Schluss mit dem bösen Gott

Sollten Sie Mühe mit dem Begriff „Gott" haben, ist das verständlich. Kaum ein anderer Begriff wie „Gott" ist von den Mächtigen dieser Welt so fatal missbraucht worden, dass viele Menschen mit diesem Begriff nur noch Negatives verbinden können und sofort abwehren, wenn sie das Wort nur hören. Sie meinen damit aber nicht den Gott, den ich mit ewigem Bewusstsein verbinde, der unser Selbst und unvorstellbare Liebe ist, sondern den selbst geschaffenen bösen Gott, den persönlichen Herrscher-Gott, der den Mächtigen und ihren Institutionen für ihren Machtmissbrauch dienen musste. Darum verwende ich oft auch nicht oder nicht nur das Wort Gott, sondern ersetze oder umschreibe den Begriff „Gott" mit dem Zusatz „Bewusstsein", oder „ewiges Bewusstsein". Diese Umschreibungen sind treffend für den wahren, realen Gott, für unseren Schöpfer und für den geistigen Kern, der uns alle im Innersten zusammenhält, denn das Wesen unseres wahren Selbst ist Bewusstsein.

Gedankenverwicklungen

Vielleicht haben Sie das auch schon erlebt: Sie möchten gerne aufbauend und positiv sein und stattdessen bedrängen Sie negative Gedanken. Wie kommt das und wo kommen auch nur alle diese negativen Gedanken her?

Gedanken sind Energien. Immer wieder gedachte Gedanken bilden ein Gedankenfeld/Energiefeld. Solche zuerst einmal individuellen Gedankenfelder verbinden sich im Geistigen mit anderen Gedankenfeldern zu immer größeren, kollektiven Gedankenfeldern, so dass letztlich die vielen Gedanken, die wir Menschen laufend denken – und gedacht haben – in großen, kollektiven Gedankenfeldern gespeichert sind, die dann wieder auf uns Menschen einwirken. Und weil wir Menschen nicht nur aufbauende und positive Gedanken denken, sondern vermutlich noch weit mehr negative, gibt es große individuelle und kollektive negative Gedankenfelder, die durch uns Menschen leben wollen.

Denken Sie z.B. nur an die vielen Machtkämpfe, die von Menschen im kleinen und im großen Rahmen mit

zum Teil viel materieller und psychischer Gewalt aus-
gefochten werden. Natürlich hinterlassen solche
Machtkämpfe bei den Geschädigten Narben und Wun-
den, die dann massive Ängste, Enttäuschungen, Sor-
gen, Nöte und Rache-, Neid- und Hassgedanken bewirken, die bestehende oder neue individuelle und
kollektive Gedankenfelder erzeugen und nähren.

Die tragende Kraft hinter allen diesen positiven wie
negativen Gedankenfeldern sind natürlich immer Menschen, die diese individuellen und kollektiven Gedankenfelder nähren und bestärken oder durch Einsicht
und Erkenntnis wieder abbauen und auflösen.

Dass es Gedanken und Gedankenballungen, gleich
Gefühle, gibt, ist ja nichts Negatives und auch nicht,
dass die Gedanken Gedankenfelder bilden, im Gegenteil, sie sind unser Leben. Wir sind Gedanken und
Gedankenballungen, gleich Gefühle. Selbst unser materieller Körper ist ein Gedanken- und Gefühlskörper -
wenn auch ein stark verdichteter.

Die göttliche Urschöpfung ist eine Gedankenschöp-
fung, ein sich immer weiter ausdehnendes Ur-

Gedankenfeld, dessen Träger die göttliche Ordnung, der göttliche Wille, die göttliche Weisheit, der göttliche Ernst und die göttliche Güte, Liebe und Barmherzigkeit sind. Und das macht den Unterschied zu den Gedankenfeldern aus, von denen ich zu Beginn gesprochen habe: Ihr Schöpfer ist nicht das vollkommene göttliche Bewusstsein, sondern der unvollkommene Eigenwille: das eigenwillige Wollen, das eigenwillige Herrschen, das selber Gott-Sein-Wollen.

Wenn wir darum ein aufbauendes, positives Leben führen möchten, müssen wir uns bemühen, wieder zum göttlichen Bewusstsein zu finden und die eigenwilligen Entsprechungen, die Resonanzen mit den Gedankenverwicklungen, den eigenwilligen Gedankenenergiefeldern, wieder entwickeln. Das deutsche Wort „ent-wickeln" sagt uns ganz deutlich, was wir zu tun haben: Das Verwickelte wieder entwickeln.

Darum kommen oft, wenn wir aufbauende und positive Gedanken denken wollen, genau gegenteilige, negative Gedanken. Wenn wir zu negativen Gedanken keine Resonanz, keine Entsprechung haben, dann fällt es uns nicht schwer, sie loszulassen, sie wie (dunkle)

18

Wolken einfach nur zu betrachten und zu warten, bis sie vorüber gezogen sind. Anders aber, wenn wir mit ihnen in Resonanz gehen. Dann beschäftigen und belasten sie uns und ziehen uns in sich hinein.

Dann sollten wir die Hilfe und Führung des Bewusstseins erbitten, damit wir den schwarzen Punkt aus der Entfernung betrachten können, um unsere Verwicklung in diese Negativfelder wieder zu entwickeln, gleich die Resonanz zu lösen, um wieder in der göttlichen Harmonie, in der göttlichen Leichtigkeit des Seins leben zu dürfen und geborgen zu sein.

Von innen her leben

Die moderne Welt hat für alles eine äußere Lösung bereit. Wie wir täglich unsere Zeit verbringen sollen, regelt die Arbeitswelt. Haben wir Kummer, so gibt es dafür Psychologen, Psychiater und Seelsorger. Sind wir krank, gibt es dafür Ärzte und die pharmazeutische Industrie, die für unseren Körper Pillen, Pülverchen, Tröpfchen oder eine Spritze haben. Bei Fragen gibt es Google und unzählige Fachkräfte in allen Gebieten.

Fragen wir nach dem Sinn des Lebens oder was uns glücklich macht, so gibt es auch hierfür Fachleute, die uns führen. Ist uns langweilig, so haben wir dagegen einen Fernseher und eine gut funktionierende Unterhaltungsindustrie. Diverseste Medien geben uns täglich vor, womit wir uns beschäftigen sollen und wie wir zu denken haben. Was wir gut und was wir schlecht finden sollen, was uns gut tut und was nicht und was wir wie zu bewerten haben. Wen wir mögen und wen wir verurteilen und was wir kaufen sollen.

Was dabei auf der Strecke bleibt, sind wir selbst, unser Wesen, unsere Selbstbestimmung, und somit unser Leben. Denn wenn wir wirklich leben und nicht nur funktionieren, leben wir aus uns selbst heraus.

Trotzdem sind wir Menschen meist froh um diesen äußeren Halt, weil uns der Halt im Inneren fehlt. Wir sind innerlich orientierungslos. Es dominieren dort Ängste, Unsicherheiten, Triebe, unerfüllte Wünsche, Chaotisches, die Folgen selbst geschaffener, wirrer Gedanken- und Gefühlskomplexe. Diese geben uns keinen Halt, denn ihr Wesen ist es, von unserer Energie zu leben. Sie sind der Schleier, der uns von unserem wahren Wesen trennt, der Schleier, von dem letztlich alle Religionen berichten, der Schleier, den die moderne Psychologie unser Unterbewusstsein nennt.

Von diesem Schleier müssen wir uns mit Hilfe unseres Herzens befreien, indem wir unseren Anteil daran lösen, indem wir unsere eigene Verwicklung darin wieder entwickeln. Solange dieser Schleier nicht gelöst ist, dürfen wir im Grunde genommen froh sein um eine äußerlich reglementierte Welt, denn sie gibt uns die Ordnung für ein Zusammenleben, die uns im Inneren fehlt.

Wie schaffen wir diese Entwicklung? Nicht mit dem Kopf, sondern mit unserem Herzen. Denn dort haben wir einen Zugang zum ewigen Bewusstsein, zu Gott. Dort fließt die Lebensquelle, von der Jesus der Frau am Jakobsbrunnen sinngemäß gesagt hat, dass sie den Durst auf ewig stillt. Und diese Lebensquelle, das ewige Bewusstsein, schenkt uns die Orientierung, die wir brauchen, um uns von dem selbst geschaffenen Gedanken- und Gefühlsschleier zu befreien.

Dann fangen wir an zu leben! Dann finden wir zur Leichtigkeit des Seins, in der unser wahres Wesen ewig lebt. Und je mehr Menschen sich entwickeln, umso mehr verändert sich unsere Erde zum Guten und erlöst uns auch von den Herrschern, die uns im Nebel des Unterbewusstseins dominieren können. Und dies erlöst wiederum die Herrscher von ihrer Illusion und ihrem engen Dominanzgefängnis.

Die Welt, in der wir wirklich leben

Die materielle Weltsicht hält uns in einer engen und sehr begrenzten Außenwelt gefangen. Ob dieser mächtigen Dominanz der Außenwelt vergessen wir die Welt, in der wir wirklich leben, unsere Innenwelt, unsere Gedanken- und Gefühlswelt.

Die materielle Sichtweise degradiert unsere wahre Lebenswelt, die Innenwelt, zum Produkt der Außenwelt. Gedanken und Gefühle sind aus dieser Sicht lediglich Phänomene von Hirnprozessen, die kausal von der Außenwelt gesteuert werden. Was aber, wenn es umgekehrt ist? Wenn die Außenwelt das Produkt der Innenwelt ist, das Produkt unserer Gedanken und Gefühle?

In unserer Traumwelt, die ja, während wir träumen, unsere Außenwelt ist und sich im Traum sehr real anfühlt, soll es ja gerade umgekehrt sein nach materieller Weltsicht. Dort soll die Außenwelt lediglich das Produkt unserer Innenwelt, unserer Gedanken und Gefühle, sein. Versuchen Sie das aber einmal einem Träumenden während eines Traumes, wenn er z.B. gerade verfolgt wird, klar zu machen... Selbst nach dem Aufwachen kann ihn ein Albtraum noch lange beschäftigen, auch dann, wenn er, um sich zu beruhigen, denkt: „Es ist ja nur ein Traum".

Unsere Innenwelt ist nicht weniger wichtig als die Außenwelt – und auch nicht weniger real. Freilich beeinflusst die Außenwelt unsere Innenwelt, genauso aber umgekehrt die Innenwelt unsere Außenwelt und zwar in einem viel größeren Ausmaß, als wir denken.

Darum können wir unsere Innenwelt nicht folgenlos einfach nur ignorieren und als bloßes Sekundärphänomen der Außenwelt verdrängen, auch nicht mit Medikamenten.

Als unsere reale Lebenswelt meldet sie sich immer wieder. Und nur in und mit ihr leben wir wirklich!

Und: Während wir oft in der Außenwelt momentan nur wenig verändern können, können wir in der Innenwelt vieles mit Hilfe des göttlichen Bewusstseins zum Positiven verändern, was dann, früher oder später, auch in der Außenwelt positive Folgen zeigt.

Wir sind schöpferische Wesen

Wir erschaffen mit unseren Gedanken die Gedankenwelt, in der wir leben. Wir sind laufend schöpferische Wesen, die sich ihre Lebenswelt selbst schöpfen. Leider haben dies die meisten Menschen vergessen, auch welche gigantische Dimension ein einzelner Gedanke hat. Und darum erschaffen sich viele Menschen, meist unbewusst, laufend neue Gedankenhöllen, in denen sie sich dann selbst aufhalten müssen.

Die Erlösung bringt die Bewusstheit, die uns das ewige Bewusstsein in unserem Herzen schenkt, wenn wir uns ihm ehrlich und aufrichtig zuwenden. Dann erleben wir wieder unser wahres schöpferisches Wesen, das uns nach unserer Wahl den Himmel oder die Hölle erschafft, in dem oder in der wir innerlich – und früher oder später auch äußerlich – leben.

Viele Menschen glauben, sie können sich im Sinne des positiven Denkens ihre gewünschte Welt ausschließlich mit ihrem Verstand erschaffen. Da aber überschätzen sie seine Möglichkeiten. Der Verstand ist nur ein Computer, der mit den vorhandenen Gedanken operiert, aber nicht das schöpferische Wesen, das unsere Lebenswelt erschafft. Um zu unserem schöpferischen Wesen zu finden, brauchen wir einen anderen Zugang, unser Herz. Und wir brauchen eine Neuorientierung: nach innen statt nach außen.

Sich führen lassen

Wir Menschen leben auch in unserer Gedankenwelt im Gesetz von Saat und Ernte, im Karmagesetz, wie viele sagen. Was wir in Gedanken und mit den Gedankenballungen, gleich Emotionen und Gefühlen, und den daraus resultierenden Taten säen und gesät haben, kommt immer wieder als Ernte auf uns zurück. Und weil wir Menschen nicht nur Positives, Gutes, Liebevolles, Wohlwollendes, Aufbauendes... säen und gesät haben, ist die Ernte nicht nur angenehm, sondern oft auch der Ausdruck der über uns drohenden Gedankenverwicklungen, die wir selbst mitverursacht haben.

Wir alle sehnen uns nach Liebe und Güte, Freude und Glück, Wohlwollen und Geborgenheit. Wir sehnen uns nach dem ewig fließenden Lebensstrom, gleich Gedanken- und Gefühlsstrom, der vom ewigen Bewusstsein kommt.

Diesem wunderbaren Strom des ewigen Bewusstseins im Wege sind unsere eigenwilligen Gedanken und die daraus resultierenden Emotionen, Gefühle und Taten. Sie bringen uns all das, was wir nicht möchten, was wir am liebsten so schnell wie möglich los sein wollen. Ihr Produkt sind unsere Ängste, unsere Enge, das kleine beschränkte Ich, das unserem wahren, inneren Ich, unserem Selbst, wie ein dunkler, nebulöser Schleier im Wege steht.

Mit diesem kleinen Ich, dem Ego, schaffen wir es nicht wirklich, unsere tiefe Sehnsucht nach Liebe, Glück, Freude und Geborgenheit zu erfüllen. Das alles kann uns nur das ewige Bewusstsein geben, das genau das ist, wonach wir uns sehnen. Darum sollten wir uns an dieses Bewusstsein in uns von ganzem Herzen wenden und es demütig, ehrlich und wahrhaftig um Hilfe und um Führung bitten, auf dass wir mit seiner Hilfe das schaffen, was uns befreit: die Entwicklung der Gedankenverwicklung.

Sich entwickeln statt verwickeln

Wir machen uns das Leben oft mit eigenwilligen Gedanken schwer. Wir leben dann in Gedankenblasen, in Gedankenverwicklungen. Solche einengenden Gedankenfelder können auch schon sehr alt sein, über lange Zeitperioden von uns Menschen erzeugt. Diese Gedanken-Energiefelder bewirken eine Bewusstseinseinengung, die uns vom Urbewusstsein trennt. Von unserem tiefsten, wahren Wesen her sind wir Kinder des Urbewusstseins. Dieses wahre Wesen aber haben wir mit

unseren Vorstellungen und Meinungen, unserem eigenwilligen Wollen und den daraus resultierenden
Machtkämpfen abgedeckt, man könnte auch sagen:
zugemüllt.

Unser Leiden, unsere Hoffnungslosigkeit, unsere Enttäuschungen, unser Unverständnis, kurz: der alltägli-
che menschliche „Wahnsinn" sind diese Gedankenver-
strickungen, sind unser menschliches Ego.

Der Ausweg aus dieser Ver-wicklung ist, wie es in der
deutschen Sprache das Wort selbst sagt, die Ent-
wickung, das Lösen = Auflösen dieser Gedanken- und
in weiterer Folge Gefühlsverwicklung, auf dass wir
wieder zu unserem wahren, freien Wesen im ewigen
Bewusstsein zurückfinden.

Wie entwickeln wir uns zu unserem glücklichen, freien
Wesen, das wir im Kern sind? Indem wir jetzt, also im
jeweiligen Augenblick, unseren eigenen Anteil an der
Verwicklung mithilfe unseres Herzens bewusst entwickeln. Mit dem Kopf allein schaffen wir das nicht, weil
der Kopf die Verstrickung widerspiegelt. Im Herzen
aber haben wir einen Zugang zum ewigen Bewusst-

sein, das uns unaufhörlich hilft, wenn wir das ehrlich wollen, wieder Schritt für Schritt aus dem Gedanken- und Gefühlsgefängnis herauszukommen. Dabei hilft uns auch das im Vorwort beschriebene Bild, die Distanz zu dem schwarzen Punkt.

Ego und Hoffnungslosigkeit: ein Paar

Ich musste oft die Hoffnungslosigkeit dieser Ego-Welt spüren – ein furchtbares Gefühl, das ich immer so schnell wie möglich wieder los sein wollte, das aber immer wieder kam. Mein Herz sagte mir: „Habe keine Angst davor." Aber ich hatte nicht den Mut, keine Angst davor zu haben, weil das Gefühl entsetzlich ist. In so einem Gefühlszustand vegetieren zu müssen, ist grausam, kaum aushaltbar, eben hoffnungslos. Und dann kam noch das Gefühl dazu, dass alles immer nur noch schlimmer wird und ausweglos, ein schwarzes Loch. Von diesem Zustand wollte ich nur noch erlöst werden, errettet werden, frei sein.

Um Verzeihung bitten, tat mir gut. Dann fing ich an zu verstehen, in dieser Hoffnungslosigkeit ist auch viel Hoffnung. Irgendwann einmal muss jeder die Hoffnungslosigkeit unseres Eigenwillens, unserer selbst geschaffenen Ego-Welt, erkennen. Das ist der Sinn, warum Gott, das ewige Bewusstsein, unseren ganzen Eigenwillen, unser Gott-Spielen-Wollen, zulässt und uns, seine Kinder, diesen eigenwilligen, ins Leid führenden Weg ziehen lässt. Damit wir über die Erfahrung zwanglos verstehen, dass der Eigenwille, gleich das Verlassen des ewigen Bewusstseins, zwangsweise in Leiden und Hoffnungslosigkeit führen muss, weil nur in der Einheit des ewigen Bewusstseins und niemals in der Trennung, in die uns der Eigenwille führt, das möglich ist, was zu unserem wahren Wesen gehört: das Erfülltsein (=Gefülltsein mit Liebe und Freude, das Glücklichsein, die Leichtigkeit unseres ewigen, lichtvollen Seins).

Jetzt weiß ich: Es gibt für uns alle nur den einen Weg, wenn auch in unzähligen Varianten, das Zurück zum ewigen Bewusstsein. Bewusstsein ist der Weg, der uns erlöst und uns wieder heimführt in den erfüllten Zustand unseres ewigen, lichtvollen Wesens.

Eigenwille verwickelt, Bewusstsein entwickelt

Heute weiß ich für mich: Der Eigenwille, gleich das Ego, ist nicht fähig, uns glücklich zu machen, uns zu befreien, uns zu entwickeln. Das Gegenteil ist der Fall: Der Eigenwille ist der Grund für die Verwicklung, für die abstrusen Gedankengebäude, gleich Gedankenenergiefelder, die uns vereinnahmen, ist der Grund dafür, warum wir in dieser Welt des Leidens und der Gewalt und der absurden Gegensätze leben müssen.

Ich kann nur glücklich sein, wenn ich meinem Herzen folge. Wenn ich immer wieder frage, was will mein Herz.

Was meine ich mit Eigenwille? Nicht in Einklang mit meinem Herzensbewusstsein zu sein, sondern selber mit meinem Kopf bestimmen zu wollen. Nicht ein Kind Gottes zu sein, sondern dieser Gott selbst sein zu wollen, sich selbst in den Mittelpunkt zu stellen. Nicht den Willen der Urintelligenz des Seins zu seinem eigenen Willen zu machen, sondern selber vorgeben zu wollen, wie die Schöpfung zu laufen hat. Wohin das führt, brauche ich nicht zu schildern. Wer Augen hat, der sieht es! Wer Ohren hat, der hört es! Wer fühlen kann, der fühlt es!

Die Entwicklung der Gedankenverwicklung kommt bei jedem dann, wenn er das Ego, den Eigenwillen, loslässt, sich von dem schwarzen Punkt entfernt, und sich wieder ehrlich und demütig dem Bewusstsein anvertraut. Dann löst sich in ihm der Gedankenmüll, den der Eigenwille erschafft, und er erlebt, mehr und mehr wieder eins zu sein mit seinem wahren, inneren Ich, das im Bewusstseinsfeld des Seins seine ewige Heimat hat.

Sei kein Roboter!

Als Ego leben wir wie ein Roboter. Wir reagieren, statt dass wir agieren. Es läuft ab nach Programm. Wir reagieren in der Situation so, wie wir programmiert sind, statt dass wir das tun, was jetzt sinnvoll wäre.

Da hilft ein STOPP, den wir uns selbst vorgeben, indem wir inne halten und Gott, das ewige Bewusstsein, in diesem Augenblick demütig um Hilfe bitten. Demütig deswegen, weil wir jetzt unsere Hilflosigkeit erkennen, weil wir jetzt erfassen, dass wir eigenwillig nicht wirklich wissen, was wir tun sollen, wie wir in der jetzigen Situation sinnvoll handeln sollten. Wir brauchen die Hilfe des Bewusstseins.

Stoppen wir uns nicht selbst, dann sind wir wie Schauspieler, die nach Vorgabe, nach Regieanweisung, nach Drehbuch handeln.

Durch den STOPP und die demütige Bitte um Hilfe an das ewige Bewusstsein in unserem Herzen finden wir ins Leben, in die Bewusstheit, zurück, und wir spulen kein Programm mehr ab, sondern handeln bewusst, selbstverantwortlich und integer.

Die Gottesfrequenz

Jeder kennt es: Wenn er einen bestimmten Radiosender hören oder einen Fernsehsender sehen will, dann muss er seine Frequenz am Radiogerät oder Fernseher einstellen. Genau das Gleiche ist es, wenn wir Kontakt mit Gott haben wollen. Dann müssen wir bei uns die Gottesfrequenz einstellen. Da wir alle im tiefsten Inneren Kinder Gottes sind, ist das gar nicht so schwer: Herzensehrlichkeit, Herzensaufrichtigkeit, ja Herzenswahrhaftigkeit sind die Türöffner. Mehr ist es nicht!

Warum betone ich das Herz? Weil wir mit dem Kopf die Verbindung zu Gott, dem Bewusstsein, nicht schaffen. Da richten wir uns nicht auf die Gottesfrequenz aus, sondern auf Theorien, Vorstellungen, religiöse Lehren und deren religiöse Lehrer, Führer, Meister, Hochwürden, auf Bücher, Synoden, Konferenzen, Abmachungen, nicht aber auf Gott in uns.

Im Herzen fließt die göttliche Heilquelle. Dort haben wir Zugang zum göttlichen Bewusstsein, das über dem vom Eigenwillen geschaffenen Gedankensumpf, ja über allen unseren menschlichen Vorstellungen steht.

Wer auf Gott im Herzen baut und ihm ehrlich, treu und aufrichtig alles anvertraut, der erlebt den aus den inneren Weiten kommenden erlösenden, befreienden, alles durchdringenden Lebensstrom, den keine äußere Macht aufhalten kann. Wer Gott im Herzen vertraut, baut auf Stein.

Unser wahres Selbst lebt in Gott

Man kann über Gott nachdenken. Man kann mit anderen über Gott diskutieren. Man kann anzweifeln, ob es Gott gibt. Man kann überzeugt sein, dass es Gott gibt. Man kann andere überzeugen wollen, dass es Gott gibt. Man kann über Gott lesen. Man kann sich von Gott erzählen lassen. Man kann heilige Bücher studieren…. Doch all das macht nicht wirklich frei.

Frei werden wir erst, wenn wir Gott kennen lernen. Die meisten Menschen wollen das nicht, oder glauben nicht, dass sie das können. Wer aber Gott nicht kennen lernen will oder nicht glaubt, dass er ihn kennen lernen kann, der findet auch sich selbst, sein wahres

Wesen, nicht, denn unser wahres Ich lebt in Gott, dem ewigen Urbewusstsein in unserem Herzen.

Wie lernen wir Gott kennen? Indem wir ihn kennen lernen wollen und ihn da aufsuchen, wo wir ihn finden, in uns selbst, in unserem Herzen. Indem wir in uns mit ihm sprechen, mit ihm reden. Indem wir uns ihm anvertrauen. Indem wir uns innerlich ihm ehrlich und wahrhaftig zuwenden und ihn um seine Führung und Hilfe bitten. Indem wir seine Führung annehmen und uns von ihm führen lassen...

Es geht nicht ohne Gott

Es geht ohne Kirche. Es geht ohne religiöse Institutionen. Es geht ohne religiöse Eiferer und Fanatiker. Aber es geht nicht ohne Gott! Denn Gott ist das ewige Bewusstsein in uns. Gott ist das Leben in uns, der Lebensstrom, die Lebenskraft. Gott ist das Heil in uns, die Freiheit in uns, das Glück in uns. Gott ist die Fähigkeit in uns, kommunizieren zu können, lieben zu können, eine Beziehung haben zu können, dankbar sein zu können, glücklich sein zu können.

Ohne den inneren Lebensstrom sind wir wie Zombies, ich-fixiert, in uns gefangen, eingeschlossen, innerlich eingesperrt, oberflächlich, eng, unfrei, unsinnig kämpfend, leblos vegetierend. In Gott, dem Lebensstrom dagegen sind wir frei, glücklich, weit, beziehungsfähig, dankbar aufbauend, erfüllt, voller Freude und Sinn. Gott ist die Liebe in uns, die unser tiefstes, wahres Wesen ausmacht. Lieben heißt, von innen her zu leben, dankbar zu sein für das Gegenüber und fähig zu sein, mit ihm kommunizieren zu können.

Unser Unglück, unsere Einsamkeit sind ein Liebesmangel, ein Kommunikationsmangel, ein In-Sich-Eingesperrt-Sein, beziehungslos sein. Wir haben dann mit anderen Menschen vielleicht Konversation, aber keine Kommunikation.

Wenn wir mit unserem Herzen – und somit mit Gott – mit anderen Menschen kommunizieren, auch mit Tieren und Pflanzen, auch mit Gegenständen kommunizieren, dann begegnen wir ihnen von innen her. Wir haben eine Beziehung zu ihnen. Wir lieben sie. Sie bedeuten uns etwas, und wir sind dankbar, dass es sie gibt und wir ihnen begegnen oder mit ihnen zusammen sein dürfen. Gott, die Liebe, das ewige Bewusstsein, ist diese Verbindung, die uns glücklich macht, die uns erfüllt.

Leichtigkeit oder Schwere – das entscheiden wir

Die Hinwendung an das ewige Bewusstsein im Herzen und das vertrauensvolle „Dein Wille geschehe" machen einen Menschen frei und führen ihn in die innere Leichtigkeit. Das Herrschen = Seinwollen wie Gott und das „Mein Wille geschehe" machen einen Menschen unfrei und eng und drücken ihn in eine selbstgeschaffene innere Schwere.

In engen Gedanken gefangen, leiden wir. Die Energielosigkeit treibt uns, anderen die Schuld dafür zu geben. Wir merken meist nicht, dass es unser eigenes Herrschen ist, was uns leiden lässt. Statt uns zu ändern, wollen wir andere ändern, und wir kommen ins Kämpfen, was allenfalls kurzfristig Linderung bringt, in Realität aber die innere Schwere ausbaut, denn was wir sähen, müssen wir auch wieder ernten.

Was hilft, ist die Bitte an die Herzensquelle um Führung und um Hilfe und das „Dein Wille geschehe", also die Bereitschaft, sich ehrlich anzuschauen. Wenn wir uns aufrichtig an unser Herz wenden, wächst unser Bewusstsein und die Bewusstwerdung, die auf die Ehrlichkeit folgt, öffnet neue Türen und neue Räume. Und erst wenn wir unseren eigenen Anteil am Geschehen sehen und lösen, können wir den Anteil des anderen wertneutral wahrnehmen und allenfalls helfend ansprechen, was wiederum auch dem anderen mehr hilft als eine vorwurfsvolle, boshafte Kritik.

Das ewige Ich-Bin und das Ego-Ich-Bin

Wenn Gott sagt: „Ich bin die Liebe", dann sagt er das nicht, weil er gerne die Liebe sein möchte, sondern weil er die Liebe ist. Das unterscheidet den ewigen Gott von den vielen Möchtegern-Göttern dieser Welt, die sein wollen wie Gott, es aber nicht sind.

Daran können wir uns alle erkennen, ob wir jetzt mit Gott gehen und in Gott sind, und somit das sind, was wir wirklich sind, oder ob wir uns etwas vormachen und bloß scheinen wollen. Wenn wir scheinen wollen, dann sind wir unser Ego, wenn wir aber sind, wer wir jetzt sind, dann sind wir authentisch, wahrhaftig.

Wir dürfen sicher sein, dass wir alle als unser wahres, ewiges Ich wunderbare, strahlende, liebevolle, herrliche und lichtvolle Wesen sind. Das sind wir aber nicht als Ego, als das Schein-Ich, das etwas anderes sein will, als es ist. Da nützt auch nicht, zu behaupten: „Ich bin toll". Da nützt auch kein Positiv-Denken-Coaching, kein Sich Durchbeißen, kein eisernes Dranbleiben. Ich bin dann nur ein Ego-Ich-Bin, das vielleicht das eine oder andere Ego täuschen kann. Ich bin aber nicht der, der ich wirklich bin. Ich bin nicht authentisch.

Was hilft ist das Zurück zu unserem wahren Wesen. Gott in unserem Herzen und unser wahres Ich zu finden. Das ist der innere Weg zu uns selbst, zum authentischen Sein im ewigen Bewusstsein. Es ist das Zurück zu unserem wahren Wesen.

Die Schlüsselwörter, die uns auf diesem inneren Weg zu uns selbst helfen, sind: Demut, Offenheit, Ehrlichkeit und Wahrhaftigkeit.

Wahrhaftig sein

„Ich bin der Weg, die Wahrheit und das Leben" hat das ewige Bewusstsein durch Jesus zu uns gesagt. Der Weg, der uns ins Leben führt, ist die Wahrheit. Wer also zurück ins Leben möchte, sollte sich immer wieder bemühen, wahrhaftig zu sein, so dass er in der Wahrheit ist, welche das Leben selbst ist. Man könnte auch sagen: Wann immer wir wahrhaftig sind, fließt in uns die Lebenskraft. Sie führt uns aus dem Sumpf der Lüge, aus dem Sumpf des Machtkampfes und des daraus folgenden Leidens heraus in die Freiheit und Leichtigkeit.

Wann sind wir wahrhaftig? Wenn wir grundtief ehrlich zu uns selbst sind und uns nichts vormachen. Das wirft uns oft zuerst auf unser Ego zurück. Die Wahrheit aber entlarvt das Ego, wenn wir bereit sind, die Larve wegzunehmen und das Ego im Licht der Wahrheit zu sehen. Und die Wahrheit erlöst uns durch Einsicht und Reue von der Identifikation mit dem Ego und führt uns immer tiefer zu unserem wahren, inneren Ich, zu unserem wahren Selbst, dem Kind des ewigen Bewusstseins.

Als Kind Gottes sind wir das wahre Wesen, welches das ewige Bewusstsein erschaffen hat und das wir in ihm in alle Ewigkeit sind. Und dieses ewige Bewusstsein, das Urgedankenfeld des Seins, in dem wir als freies Wesen unpersönlich ewig sind, ist, je mehr wir in seinem Willen aufgehen, eine für uns Menschen unvorstellbare Liebe.

Die Egowelt

Klarblick statt Kritik

In unserer Welt geben sehr oft die Kritiker den Ton an. Nach dem Motto: "Angriff ist die beste Verteidigung" schießen sie ihre verbalen und nonverbalen Abwertungen und Boshaftigkeiten – oft ungebremst und in voller Wucht – auf ihre Mitmenschen los. Und die müssen sich dann damit beschäftigen.

Die meisten Betroffenen, oder besser: Getroffenen, können nicht mit Kritik umgehen, weil Kritik seelisch verletzt. Kritik macht sie mundtot und überlagert ihre Natürlichkeit. Sie kreisen in sich und sind eine Weile beschäftigt. Oft, fast sicher bei Kindern, führt die Kritik auch zu falschen Schlussfolgerungen. Ganz besonders, wenn die Kritik von Menschen kommt, die den Kritisierten nahe stehen oder die sie in ihrem Wertsystem als „höher", „besser", „kompetenter" und als Autoritäten einstufen. Die Kritisierten glauben dann, dass sie falsch liegen, auch wenn es gar nicht stimmt, und dass sie so, wie sie sind, nicht „gut genug" sind und sich im Sinne des Kritisierenden ändern müssen.

So dominieren die Kritiker diese Welt – in Folge auch als innerer Kritiker – und stellen vieles auf den Kopf. Die Kritisierten fühlen sich schuldig, auch wenn sie es gar nicht sind, und vermeinen, sich bessern zu müssen. Die Kritiker dagegen, die alleine schon, weil sie kritisieren statt helfen, daneben sind, erscheinen als korrekt, moralisch gut und als berechtigt, andere fertig machen und abwerten zu dürfen. Und sie haben ein gutes Egowertgefühl.

Was ist ein guter Mensch? Diese Frage hat sich auch die Psychologin Angelika Rohwetter in ihrem lesenswerten Buch: „Den inneren Kritiker zähmen. Strategien und Übungen für ein gutes Selbstwertgefühl" gestellt. Sie schreibt: „Was wäre denn ein guter Mensch? Um das zu definieren, können wir vielleicht Anleihen bei dem Begriff der Buddhanatur nehmen. Ein guter Mensch ist einer, der nicht schlecht über andere spricht, ja nicht einmal denkt, der eher in Gedanken nach Konfliktlösungen sucht, ehe er handelt, anderen nicht willentlich etwas Böses antut, niemanden übervorteilt, ehrlich seinen Lohn verdient... und so weiter. Das Ganze noch gewürzt mit Geduld, Freude, Mitgefühl und Humor."[1)]

So empfinde ich es auch. Wer in dem Sinne ein guter Mensch ist, wird nicht kritisieren, sondern aufbauend helfen, so er kann. Und darum bemüht er sich, sich selbst zu entwickeln, sich selbst vorbildhaft zu verändern, statt die Veränderung von anderen zu erwarten. Und wer das wiederum tut, erkennt, dass Kritik Abwertung und Ego-Selbstaufwertung bedeutet und einem geistigen Energieraub entspricht.

Statt Kritik findet der gute Mensch den Klarblick, der ungeschönt sieht, was ist, aber aus dem Herzen kommt und keine Wertung enthält. Kritik verletzt, der Klarblick hilft und baut auf. Und der Klarblick macht innerlich frei und erfüllt uns.

Abwertungen verletzen

Kritik und Abwertungen kommen nie vom Herzen. Sie sind immer eigenwillige Kräfte. Wer abwertet und verurteilt, verstößt gegen das Prinzip des Lebens.

Erstaunlicherweise ist dies uns Menschen meist nicht bewusst. Wir realisieren nicht, wie negativ Abwertungen sind, wie sehr wir andere Menschen damit verletzen, ihnen Leid zufügen, ja schaden. Im Gegenteil, oft glauben wir sogar, dass wir etwas Gutes tun, wenn wir uns über andere Menschen stellen. Wir hüllen uns in ein moralisches Deckmäntelchen, das uns selbst als gut und andere als schlecht erscheinen lässt. Das aber ist eine Selbstlüge, ein Selbstbetrug, eine Illusion.

Das geistige Ursache-Wirkung-Prinzip lässt sich weder belügen noch betrügen. Was ein Mensch sät, das erntet er. Mit dem Maß, mit dem ein Mensch misst, mit dem wird er gemessen. Das heißt, die Abwertungen kommen energetisch auf den Absender zurück. Er erlebt selbst das Leiden, das Abwertungen verursachen.

Das Bewusstsein hilft uns über die Selbsterkenntnis, uns wieder von den Abwertungskomplexen und dem damit verbundenen Leiden zu befreien.

Zum Wohl unseres wahren Wesens

Was wir Menschen uns selbst mit unserer Kritik, unseren Abwertungen, unserem Herrschen, mit unseren Boshaftigkeiten und Gemeinheiten, mit unserem Neiden und Verachten... antun, ist brutal. Mit negativen Gedanken und unseren negativen Emotionen, die wir auf andere Menschen leider oft ungeniert loslassen, fügen wir uns selbst Leid zu. Denn was wir anderen antun, tun wir immer auch noch mehr uns selbst an.

Damit will ich nicht sagen, dass wir unsere Gefühle unterdrücken und unsere negativen Gedanken verdrängen sollen, aber wir sollten sie nicht unbewusst ausleben, sondern sie mit Hilfe unseres Herzens bewusst anschauen, um uns aus der gedanklichen und emotionalen Verwicklung mit anderen Menschen herausentwickeln zu können. Natürlich können wir andere Menschen nicht ändern, und wir müssen auch nicht die negativen Gedanken und Gemeinheiten und Herrscherallüren von anderen teilnahmslos hinnehmen. Wir können aber unseren Anteil an der Verwicklung mit Hilfe unseres Herzens mehr und mehr entwickeln, auf dass dann unser Herz - und nicht unser energieloser

Verstand oder unser am Konflikt verwickeltes, emotionsgeladenes Ego - unseren Mitmenschen begegnet.

Mit unserem Herzen können wir die Fehler unserer Mitmenschen auch ansprechen, so nötig. Das ist dann kein Abwerten und Energieziehen, kein Fertig- und Niedermachen, kein Überrumpeln und Niedertrampeln, sondern ein Akt der Mitmenschlichkeit. Das Herz hilft, um dem Mitmenschen die Möglichkeit zu geben, sich auch erkennen zu dürfen und sich ändern zu können. Eine solche Herzenshilfe können unsere Mitmenschen auch viel, viel leichter annehmen als unsere aus unserem Ego und der Verwicklung dröhnende, donnernde Kritik.

Innere Begegnungen

Mit dem interessanten Buch „Reisen in die Innenwelt"[2] stellt Tom Holmes seine Version des IFS-Modells (inneres Familien System) vor, so wie er es seit 20 Jahren in der klinischen Praxis anwendet. Nach ihm gibt es einen unbewussten Teil in uns, in dem sich alle unsere Persönlichkeitstypen aufhalten. Das sind z.B.

weiblich wie männlich der Kritiker, Skeptiker, Anklä-
ger, Verteidiger, Richter, Antreiber, Manager, Multitas-
ker, Fragensteller, Streitsüchtige, Wütende, Griesgrä-
mige, Sorgenmacher, Angsthase, Zögernde, Bremser,
aber auch Beschützer, Helfer, Mitfühlende, Verständ-
nisvolle, Einfühlsame, auch der Künstler, der Rebelle,
der Genießer, der Flipper, der Mystiker, der Geistige
oder Geistliche, auch Feen, Engel, Zauberer oder das
Kind usw.

Den bewussten Teil in uns vergleicht er mit einem
Wohnzimmer. Je nachdem, welcher Pesönlichkeitsan-
teil, welcher Persönlichkeitstyp in dieses Wohnzimmer
kommt, sind wir wie ein anderer Mensch, wie ein anderes Ich: ausgeglichen und ruhig oder getrieben und
gehetzt, zuversichtlich oder pessimistisch, frei und
mutig oder ängstlich und verzagt, lustvoll oder lustlos,
glücklich oder traurig usw.

Je nachdem, welche Menschen aus der äußeren Welt
für uns diese Persönlichkeitsanteile besonders verkör-
pern, erleben wir dann innerlich auch z.B. den Vater,
die Mutter, die Geschwister, die Freunde, die Kollegen,
den Chef, Verwandte, Bekannte usw.

Der ruhende Teil in uns ist das Selbst im inneren System. Das ist der innere Ort, von dem aus wir die Persönlichkeitsanteile, die Besucher unseres Wohnzimmers, frei und neutral beobachten und wahrnehmen können. Das Selbst ist der Kern unseres Seins.

Ich empfinde diese Sichtweise als sehr hilfreich. Wir haben nicht nur im Äußeren Begegnungen und auch Konflikte oder hilfreiche Erlebnisse, sondern genauso in unserem Inneren, was von den meisten Menschen gar nicht wahrgenommen oder als nicht gleichwertig betrachtet wird. In Wirklichkeit aber sind die inneren Begegnungen genauso wichtig wie die äußeren und für unser Leben nicht weniger realistisch.

Ob uns ein äußerer oder innerer Antreiber, Kritiker, Verurteiler oder Abwerter das Leben schwer macht, ist für uns genauso unangenehm, und wir müssen uns dem äußeren wie dem inneren Kritiker in gleicher Weise stellen und Klarheit und Ordnung und möglichst auch Wohlwollen in die Beziehung bringen. Und erstaunlicherweise ist in der Regel die innere Konfliktbemeisterung genauso schwer oder leicht wie die äußere. Nicht nur der äußere Widersacher kann stur und konfliktfreudig sein, genauso der innere. Wie der äußere Widersacher kampfbereit sein kann, kann es auch der Innere. Und wie ein Mensch im Außen uns gegenüber verständnisvoll und wohlwollend sein kann, kann es auch ein innerer. Auch ein innerer Helfer kann uns genauso wie ein äußerer viel geben und ausgleichend und beruhigend wirken und umgekehrt. Wir sollten in unserem Interesse beide, die inneren wie die äußeren Begleiter ernst nehmen und ihnen gegenüber aufrichtig, ehrlich und klar sein.

Der große Helfer ist das innere Selbst. Ich nenne es Gott oder das ewige Bewusstsein. Es ist die ewige Quelle in uns, letztlich unser wahres Selbst im Vergleich zu den vielen Ich-Anteilen. Es unterstützt uns immer, wenn wir wollen, lässt uns nie im Stich und hilft uns unaufhörlich bei der Bemeisterung des Schauspiels im inneren wie im äußeren Wohnzimmer.

Immer und immer wieder dasselbe, bis...

Wir alle haben laufend Begegnungen im Äußeren wie im Inneren. Freier werden wir, je mehr wir die Begegnungen - zuerst einmal die, die uns berühren oder die in uns etwas auslösen - bewusst wahrnehmen und bewusst erleben. Was bedeuten uns die Menschen, aber auch die Tiere, Pflanzen, Gegenstände, die uns begegnen und uns berühren? Was haben wir mit ihnen zu tun? Wie sehen wir sie? Welche Beziehung haben wir zu ihnen? Begegnen wir ihnen herzlich oder abweisend, offen oder verschlossen, ehrlich oder verlogen? Kommunizieren wir bewusst mit ihnen oder bedeuten sie uns wenig bis nichts? Freuen wir uns über die Begegnung oder belastet sie uns? Löst sie etwas Negatives oder Positives aus?

In dem beeindruckenden Film: „Das Ende ist ein Anfang. Wenn Du stirbst, zieht Dein ganzes Leben an Dir vorbei, sagen sie"[3] erlebt Samantha immer und immer wieder den gleichen Tag, bis sie gelernt hat, sich bei allen Begegnungen an diesem Tag so zu verhalten, dass sie sich selbst ist.

In dem immer und immer wieder Erleben des gleichen Tages und der gleichen Begegnungen lernt sie, auf ihr Herz zu hören und ihr überhöhtes Ego loszulassen. Sie erkennt dabei auch, dass wirklich jeder Moment zählt und sehr wertvoll ist.

Je mehr auch wir auf die äußeren wie inneren Begegnungen achten, desto mehr wird auch uns bewusst, dass wir nicht nur von Inkarnation zu Inkarnation, sondern auch im Laufe unseres jetzigen Lebens selbst immer und immer wieder dasselbe erleben, bis wir gelernt haben, aus dem Herzen zu leben. Genießen wir bei unserer Entwicklung den wachsenden seelischen und energetischen Reichtum, der uns mit jedem Schritt vom Herzen geschenkt wird und sich nicht nur im Inneren zeigt, sondern sich auch im Äußeren spiegeln kann.

Und wenn andere bewusst ihrem Ego frönen?

Das ewige Bewusstsein gibt jedem von uns laufend Erkenntnisse und Hilfen. Wenn wir diese Hilfen annehmen und unsere Gefühle zulassen, findet in uns ein Erwachen statt, das uns aus der Trennung unseres engen Ichs heraus in die Verbindung mit anderen Menschen und mit unserer Umwelt führt. Die anderen Menschen, die Tiere, die Pflanzen, die ganze Natur, die Erde, der Kosmos sind dann plötzlich nicht mehr nur das fremde Außerhalb, sondern etwas mit uns Verbundenes, etwas in unserem Inneren Fühlbares. Uns wird bewusst, dass wir in unserem Wesen eine Einheit sind. Die selbstlose Liebe des ewigen Bewusstseins ist die uns verbindende, ewige Kraft, die unser Wesen geschaffen hat und uns erfüllt und glücklich macht.

Umgekehrt erfassen wir auch, welcher enge, plumpe Trampel wir alle als Ego mit unseren begrenzten Vorstellungen und Meinungen sind, und wie sehr wir mit unserem Egoismus sowohl uns selbst als auch alle anderen Lebewesen und die ganze Schöpfung missachten und quälen. Darum verspüren wir den tiefen Wunsch, uns zu ändern, nicht mehr nur unbedacht gegen die anderen zu sein, sondern sie zu achten und zu verstehen. Es wird uns auch zum Wunsch, nicht mehr die Natur auszubeuten und sich auch nicht mehr über die Tiere zu stellen, sondern auch die Tiere und die Pflanzen und die Natur zu achten und als Gottes Schöpfung zu ehren.

Das im Alltag umzusetzen, fällt uns allerdings nicht immer leicht, weil wir alle einen Körper haben, der mit Eigenwilligem programmiert wurde, und weil wir vermutlich fast alle auch karmisch belastet sind. Darum gibt es dann oft Enttäuschungen (=die Täuschung wird aufgehoben) und wir spüren die Unfähigkeit und Beschränktheit unseres Egos.

Aber vorübergehende Misserfolge hin oder her, für alle, die wir den Weg des Herzens gehen wollen, geht es vorwärts. Gott, das ewige Bewusstsein ist mit uns Gutwilligen und hilft uns mit unsagbarem Verständnis und seiner glücklich machenden Liebe.

Was aber ist mit Menschen, die sich nicht entwickeln wollen, sich nicht bemühen wollen, sich nicht berühren lassen wollen, sich nicht mit Fehlhaltungen befassen wollen und sich nicht ändern und auch ihr Herz nicht aufmachen wollen, weil sie sich bewusst für ihr Ego und ihren Ego-Erfolg entscheiden. Ja vielleicht sogar die anderen, die sich für ihr Herz entscheiden, bekämpfen und sie hindern wollen, ihr Leben zu leben und ihre Erfahrungen und Erkenntnisse weiter zu geben, weil das wachsende und gelebte Bewusstsein ihre Ego-Macht und Ego-Herrschaft und Ego-Pläne gefährden könnte.

Was können wir als Gutwillige da tun? Eine Zeitlang bemühen wir uns vielleicht, die Sturheit dieser Wahl-Egoisten zu verstehen. Vielleicht auch, ihre Ignoranz zu leugnen, zu ignorieren, zu beschönigen. Vielleicht versuchen wir auch, mit ihnen positiv zu kooperieren. Irgendwann aber können wir das nicht mehr, weil es uns belastet und wir von innen dafür keine Kraft bekommen.

Was können wir tun? Es bleibt uns, wie auch dem ewigen Bewusstsein selbst, nichts anderes übrig, als diesen Menschen den freien Willen und ihre eigenen schmerzhaften Erfahrungen machen zu lassen. Dabei gehen wir selbst weiter und lassen uns vom Bewusstsein weiter führen. Und wir leben auch weiter nach unseren Herzenserkenntnissen und geben sie denjenigen weiter, welche sich für ihr Herz entscheiden.

Die nicht gutwilligen Menschen lassen wir natürlich auch nicht aus unserem Herzen, weil das ewige Bewusstsein sie auch nie verlässt, aber wir tragen ihre eigenwilligen Entscheidungen und die daraus resultierenden Gedanken und Handlungen bewusst nicht mit.

Der Erlöserweg

Bedrohliche Gedanken – und die Menschen hintendran, die sie denken – leben davon, dass wir Angst vor ihnen haben, sie nicht aushalten können, sie bekämpfen, oder vor ihnen flüchten wollen. Auf diese Weise verleihen wir ihnen ungewollt Macht, weil wir an ihre Drohungen glauben, sie fürchten. Diese falsche Zuwendung und Aufmerksamkeit gibt ihnen die Energie, weiter zu wachsen, stärker zu werden, uns noch mehr bedrohen zu können, bis sie uns tatsächlich beherrschen und besiegen können, um auf unsere Kosten zu leben.

Die Lösung, sich diesen drohenden Gedanken zu stellen und sie nicht mehr zu fürchten, ist allerdings schneller gedacht als getan, zumal die meisten von uns, mich eingeschlossen, Negatives, Schmerzhaftes, Unangenehmes und Leidvolles nie erleben wollen. Wer ist schon gerne schwer krank? Wer verliert schon gerne liebe Menschen? Wer lebt schon gerne mittellos, in Armut? Wer hat schon gerne Schmerzen? Wer ist schon gerne ungeliebt, unverstanden, verachtet, ausgestoßen? Wie also sollen wir uns der Gedanken erwehren, die uns genau in solche ungewollten Situationen drängen wollen?

In vielen Kampfsportarten, z.B. dem populären Profi Fußball, wird trainiert, sich dem Gegner und auch seiner siegessicheren Ausstrahlung (=seiner siegessicheren Gedanken und Gefühlen) mit eingeübten, wiederholten und verbesserten Techniken, Fähigkeiten und klaren, aggressiven Gedanken mutig und kampffessicher zu stellen. Das Mentale spielt dabei eine ganz entscheidende Rolle.

Das Üben solcher Techniken und Fähigkeiten, um einen Gegner, einen Rivalen zu besiegen, finden wir nicht nur im Sport, sondern auch in der Politik, in der Wirtschaft, im Wettbewerb am Arbeitsplatz, ja letztlich im alltäglichen Leben, wo immer Menschen mit ihren unterschiedlichen Vorstellungen und Wünschen im kleinen und großen Konkurrenz- und Rivalitätskampf aufeinander treffen. „Eine solche Blöße will ich mir das nächste Mal nicht mehr geben", denkt sich Herr Jedermann nach einem unangenehmen Erlebnis und coacht sich selbst im Kopf, wie er es das nächste Mal ganz anders machen wird. Das Ziel aller dieser Aktivitäten ist es, die Angst zu verlieren und Fähigkeiten zu verbessern, um zu siegen. Und dieses letztere, das Siegen-Wollen, ist nach meinen Erkenntnissen der

Haken. So sollen auch negative, bedrohliche Gedanken keine Kraft mehr über uns haben, weil wir sie mit positiven, erfolgreichen Gedanken besiegen wollen.

Das Angenehme am Kampfcoaching ist, dass es immer mal wieder Erfolgserlebnisse gibt, die wir dann genießen und in Gedanken festhalten können, wenn auch Misserfolge trotz aller Bemühungen nicht ausbleiben. Beständig frei und glücklich machen jedoch auch die größten Siege nicht, und oft endet das Stehen auf dem Podest mit einem umso tieferen Sturz. Und das tatkräftige Ringen um Erfolgserlebnisse vereinnahmt unser Leben und unsere Erdenzeit und unseren Blick für Weiteres und Wesentliches. Es beschränkt uns auf ein enges Kampffeld.

Was macht uns wirklich frei? Nach meinen Erkenntnissen und Erfahrungen nicht das Kämpfen, sondern das Lösen dieser Kämpfe: der Gedankenkämpfe, der Rivalitätskämpfe, der Erfolgskämpfe, das Aussteigen aus dem Karussell von Siegen und Verlieren. Diesen Ausstieg allerdings schaffen wir nicht mit unserem Ego, nicht mit unserem eigenwilligen Wollen, sondern nur mit unserem Herzen. Denn dort haben wir den Zugang zum ewigen Bewusstsein, das die Polarität im Licht auflöst. Die Dunkelheit kann das Licht nicht löschen, wohl aber kann das Licht die Dunkelheit erhellen. Das Ego kann uns nicht erlösen, gleich entwickeln, weil es der Grund der Verwicklung ist. Die Lösung der Verwicklung bringt das Loslassen des Egos und das Zurück zu Gott, dem ewigen Bewusstsein.

Bedrohende, negative Gedanken sind das Produkt unserer Trennung vom Ganzen. Im ewigen Bewusstseinsfeld leben wir alle in einer unbeschreiblich verbindenden Einheit zusammen, wie wir sie hier als Mensch auf der Erde am ehesten in der magisch vereinenden Anziehungskraft zwischen zwei verliebten Menschen erleben. Im ewigen Bewusstseinsfeld ist die glücklich machende, verbindende Liebe zwischen allen Wesen, die wir hier auf der Erde durch unsere Ego-Trennung verloren haben, das Normale.

Wie diese Liebe dennoch auch für uns Menschen wichtig ist, zeigt unsere tiefe Sehnsucht nach Zweisamkeit, unsere Sehnsucht nach einer erfüllten Partnerschaft und auch unsere Sehnsucht, von anderen Menschen geachtet, verstanden und geliebt zu werden. Im ewigen Bewusstseinsfeld ist diese Liebe nicht auf die Partnerschaft beschränkt, sondern die alle Wesen zusammen vereinende und verbindende Ur- und Schöpferkraft selbst.

Wollen wir wirklich glücklich sein, dann haben wir die Möglichkeit, zu dieser Liebe, die zu unserem wahren innersten Wesen, zu unserem innersten Ich gehört, wieder Schritt für Schritt zurückzukehren. Das Zurück-finden zu dieser uns erfüllenden Liebe ist dabei kein, wie manche Menschen irrtümlich glauben, Ego-Schöpfungsakt, sondern im Gegenteil eine Folge des Loslassens unseres Egos, unseres oberflächlichen, von anderen getrennten Ichs.

Bedrohen uns negative Gedanken, sollten wir darum nicht mit unserem Ego angsterfüllt und getrieben da-gegen kämpfen, sondern uns demütig, ehrlich und hilfsbedürftig an das ewige Bewusstsein in unserem Herzen wenden, um es um Hilfe und Führung zu bit-ten. Dann kann das Bewusstsein uns helfen, die ge-dankliche Verwicklung mit anderen Menschen wieder zu entwickeln. Den eigenen Anteil am Trennenden,

Gegensätzlichen zwischen uns Menschen zu erkennen und aufzulösen.

Überforderungen zugeben

Als unvollkommenes Ego sind wir permanent überfordert, weil uns der ständige Kampf immer wieder zum Reagieren oder sogar zum Abreagieren drängt. Diese Überforderung und letztlich Hilflosigkeit zuzugeben, können die wenigsten Menschen. Darum geht der Kampf immer weiter in allen Facetten: als Abreagieren, als emotionale Ausbrüche, als Schimpfen, Kritisieren und Abwerten, als Krankheit, als Streitgespräche, als Diskussionen, als politische Erlasse und Zwangsmaßnahmen, als Lügengeschichten bis hin zu Krieg und Terror usw.

Der befreiende Weg ist das ehrliche Zugeben der Hilflosigkeit und der Überforderung und das demütige Annehmen der geistigen Hilfe, die uns das ewige Bewusstsein in unserem Herzen schenkt, wenn wir das wollen. Das gilt im Kleinen wie im Großen. Je mehr Menschen wieder ihr Herz erschließen, desto heller wird es auch in dieser Welt. Denken wir bitte als „Kleine" nicht: „Die da oben sollten endlich einmal damit beginnen…." Das befreiende Bewusstsein braucht uns alle, um helfen zu können. Auch ein kleines Licht erhellt unübersehbar die Dunkelheit und hilft uns bei der Orientierung.

Das Glücksbarometer in uns

Wir haben ein sehr sensibles Messinstrument in uns, das sogleich anschlägt, wenn wir unzufrieden oder sogar unglücklich sind. Viele Menschen hören und sehen weg, wenn dieses Gefühls-Messinstrument sich meldet: „Geh weg, ich will nichts sehen und nichts hören. Habe jetzt keine Zeit. Man kann ja auch nicht immer glücklich sein. Habe Wichtigeres zu tun, als mich um mein Glück zu kümmern." Wirklich?

Ich denke, unser Glück ist wesentlich. Gibt es Wichtigeres, als dass wir innerlich erfüllt sind, dass die innere Sonne des Lebens in uns scheint und uns trägt? Woher denn sonst als von der inneren Sonne und Quelle des Glücks und der Freude sollen wir unsere

Lebensenergie bekommen, die uns ermöglicht, gesund zu sein und unsere Aufgaben zu erfüllen?

Wenn wir merken, dass wir unglücklich sind, aber gerne glücklich wären, sollten wir dies sehr ernst nehmen und auch diesem inneren Barometer und der Sehnsucht danken, glücklich sein zu wollen. Denn hier pocht das Bewusstsein an unser Herz und möchte uns führen, erwecken und glücklich machen. Wir sollten uns ihm dankend zuwenden, seine Hilfe und Führung annehmen und bejahen und uns dafür Zeit nehmen.

Wenn das Bewusstsein uns wahrnehmen lässt, dass wir uns unglücklich und unzufrieden fühlen und uns die Sehnsucht nach Glück und Zufriedenheit schenkt, dann dürfen wir sicher sein, dass jetzt der Augenblick da ist, in dem das Bewusstsein uns an die Hand nehmen und uns helfen möchte, die gedankliche Verwicklung, die uns unglücklich macht, wieder zu entwickeln. Nutzen wir diese gigantische Chance und lassen wir uns vom Bewusstsein führen und uns wieder ein Stück weit mehr von unserer selbst geschaffenen Belastung befreien.

Entscheidungen entscheiden

Wir können uns jeden Augenblick entscheiden, ob wir den Sonnenweg oder den Schattenweg gehen. Ob wir den Weg wählen, der uns in die Freiheit führt oder in die Abhängigkeit. Ob wir himmelwärts oder höllenwärts wandern. Ob wir uns für die Entwicklung oder die Verwicklung entscheiden, für das Bewusstsein oder für die Umnachtung, für das Licht oder für die Dunkelheit. So wie wir im Augenblick, also jetzt, entscheiden, so kommt's.

Mit unseren Entscheidungen bestimmen wir unser Leben. Ob wir das glauben oder nicht, ändert nichts an der Realität. Wenn wir nicht an die Selbstbestimmung glauben, haben wir bereits schon wieder eine Entscheidung getroffen. So schnell geht das und so sicher wirkt das.

Das göttliche Bewusstsein in unserem Herzen hilft uns bei der Entscheidungsfindung und auch dabei, die Bewegung, die eine Entscheidung auslösen kann, zu meistern.

Positiv denken ist nicht gleich positiv denken

Manche sagen: „Alles hängt von den Gedanken ab. Darum muss man einfach nur positiv denken, und das Leben ist leicht." Dem möchte ich nicht widersprechen, aber doch folgende Ergänzung anbringen, die mich meine Erfahrung gelehrt hat.

Es gibt das Ego-Positive-Denken und das Herzens-Positive-Denken. Das Ego-Positive Denken bleibt schwingungsmäßig auf der Ebene des hier auf der Erde üblichen Ego-Kampfes, auf der Ebene des Gegeneinanders. Da geht es ums Siegen, um das Sich-Durchsetzen. Mit dem Ego-Positiven-Denken trainiert man Kampfestechniken, trainiert man auch das strategische Denken, um zu gewinnen, um im Kampf als Sieger hervorzugehen.

Beim Herzens-Positiven-Denken dagegen verlässt man die Ebene des Kampfes und öffnet sich für das ewige Bewusstsein. Beim Ego-Positiven-Denken bewegt man sich energetisch in den von uns Menschen selbst geschaffenen Energiefeldern, mit dem Herzens-Positiven-Denken wendet man sich an das Urenergiefeld des

Lebens selbst, an das ewige Bewusstseinsfeld, zu dem wir im Herzen einen Zugang haben.

Dem Ego-Positiven Denken begegnen wir heutzutage, wie oben schon erörtert, überall: Der Fußballtrainer trainiert es mit seiner Mannschaft, entwickelt mit ihr Strategien, um zu gewinnen, analysiert mit ihr die Schwächen des Gegners, um gezielt die eigenen Stärken einsetzen zu können. Er übt mit ihr das rasche gedankliche Umdrehen bei Misserfolgen, um schnell wieder mental auf der Höhe zu sein, um gleich wieder energetisch die gegnerische Mannschaft dominieren zu können. Er übt mit ihr das Vertrauen in sich selbst, den Glauben an den Erfolg, an den Sieg, an das Gelingen des Vorgenommenen.

Ähnliches beobachten wir in der Politik, in der Wirtschaft, im Berufsalltag... Im gleichen Sinne setzen heute auch viele Menschen das Ego-Positive-Denken für ihren persönlichen Erfolg ein, um ihre gesteckten Ziele trotz Hindernissen und Konkurrenz zu erreichen.

Während es beim Ego-Positiven-Denken mehr um den konkreten, äußeren Erfolg geht, geht es beim Herzens-Positiven Denken zuerst einmal mehr um das Innere. Beim Herzens-Positiven-Denken geht es um unser Seelenglück. Da geht es um den inneren Frieden, um innere Freiheit, um Liebe, Freude und Geborgenheit, um ein erfülltes Leben. Da verlassen wir unser eigenwilliges Wollen und begeben uns in den Schutz des Bewusstseins. Wir lassen uns von ihm führen. Das Ziel ist das Zurück zu unserem wahren Selbst. Wir lösen uns von der Peripherie, um wieder in unsere Mitte zu finden.

Zu den positiven Gedanken und Gefühlen vom Herzen finden wir mit unserer Ehrlichkeit, mit der Bereitschaft, wahrhaftig zu sein, und mit der Entscheidung, anderen ihren freien Willen zu lassen, um selbst innerlich frei zu bleiben. Selbstverständlich spiegelt sich das innere Glück oft auch im Äußeren. Oft stellt sich mit dem Herzens-Positiven-Denken der äußere Erfolg auch ohne Kampf und ohne Stress und ohne Strategien ganz natürlich und wie von selbst ein.

Das Leben ist leicht, nur Gedanken sind schwer

Diese Gedankenstütze (Titel) hat mir kürzlich mein Herz geschenkt, als es mir schlecht ging, und begleitet war dieser Geistesblitz mit einer wunderbaren Leichtigkeit, die lichtvoll den ganzen Körper durchflutet hat. Genauso ist es, war mir augenblicklich klar. Wir machen uns das Leben oft nur mit unseren Gedanken schwer, mit unserem Grübeln, mit unseren Vorstellungen, Meinungen, Verurteilungen, Abwertungen, mit unserer Kritik, unserer Missgunst, mit unserem Pessimismus, unserem Misstrauen, unserem Neid... Was wir dann als Last und Schwere spüren, ist einfach nur die Strenge und Gefangenschaft unserer Gedanken. So wie wir sie loslassen, ist auch die Schwere vorbei.

Wie konnte ich meine schweren Gedanken loslassen? Es war das Herzens-Bewusstsein, das mir geholfen hat. Das mir zuerst einmal überhaupt die schweren Gedanken bewusst gemacht hat, sie mir gezeigt hat und sie mir beobachtend wahrnehmen ließ. Es war das Bewusstsein, das mich erkennen ließ, wie weh diese Gedanken nicht nur mir selbst, sondern auch anderen

Menschen tun. Welches Leid sie erzeugen, ja welches Leid sie sind. Sie sind das Schwere. Und es war das Bewusstsein, das mich fühlen ließ, dass ich zwar lange nicht alleine mit diesen Gedanken bin und auch andere mir diese Gedanken aufzwingen wollen, dass es aber nur meine Zustimmung zu diesen Gedanken ist, die mich an sie bindet und die mir diese Gedanken leidvoll spüren und erleben lässt, und nicht das Fehlverhalten der anderen. Und es war das Bewusstsein, das mir ermöglichte, mein eigenes Fehlverhalten, eben die innere Zustimmung zum Kern dieser Gedanken, erkennen und bereuen zu können, und die Tragweite dieser inneren Unterstützung zu verstehen. Zugleich aber hat mir das Bewusstsein die Möglichkeit geschenkt, diese Gedanken innerlich nicht mehr mit zu unterstützen und mit zu tragen, und sie somit loszulassen.

Mit dem Kopf hätte ich das nie geschafft, denn im Kopf drehen diese engen Gedankenfelder und ziehen uns in sich hinein. Mit dem Kopf können wir sie nicht erfassen, weil wir dort diese Gedanken sind. Wir haben dort keinen Abstand zu ihnen, wir können sie weder wahrnehmen, noch erfassen. Wir sind sie. Sie leben und bestimmen uns. Die beobachtende Position wird erst durch das ewige Bewusstseinsfeld möglich, das ich Gott nenne, und das uns die Distanz zu den selbst geschaffenen, eigenwilligen, engen Gedankenfeldern schenkt.

Im Herzen haben wir alle einen Zugang zu diesem ewigen Bewusstseinsfeld, in dem unser wahres Wesen, das wahre Selbst, lebt und in dem wir alle unsere wahre innere Heimat haben.

Sich realistisch sehen

Ein Fehler, den wir Menschen oft machen: Wir missbrauchen die göttliche Kraft, um unser Ego damit aufzuwerten. Beispiel: Es geht uns nicht gut, psychisch, vielleicht auch physisch. Oder wir sind in einer Situation, in der wir etwas erkennen oder eine besondere Leistung erbringen oder jemandem mit Rat und Tat zur Seite stehen sollten, fühlen uns aber unsicher und unbeholfen und wissen nicht so recht, was wir jetzt tun sollen. Darum bitten wir innerlich Gott oder unser Selbst um Hilfe. Die innere Herzenskraft hilft und trägt uns, schenkt uns Einsichten, Erkenntnisse, seelisches und oft auch körperliches Wohlgefühl. Es geht uns gut, wir überwinden unser Tief oder wir meistern kraftvoll unsere Aufgaben und kommen dafür auch bei anderen gut an. Statt Gott, dem ewigen Bewusstsein, dafür zu danken und zu erkennen, wie unendlich liebevoll uns das ewige Selbst immer hilft, uns führt, uns trägt, Einsichten und Fähigkeiten schenkt usw., beziehen wir die göttliche Kraft auf unser Ego. Habe ich das toll gemacht. Bin ich gut. Ich schaffe alles, ich kann alles. Mich kann niemand bremsen. Ich bin genial, ich habe viel geleistet, tue soviel Gutes und Kluges und Gescheites usw.

Das stimmt alles, was ich denke, wenn ich es auf Gott beziehe und auf mein unpersönliches, freies, glückliches, unbeschwertes aber demütiges, wahres, inneres Ich, das Kind Gottes. Wenn ich diese Kraft und diese Leistungen und diese Genialität aber auf mein menschliches = oberflächliches, eigenwilliges Ego beziehe, dann befinde ich mich in einem wesentlichen Irrtum. Ich erhebe mich über Gott und werte mein Ego mit seiner Energie auf, was bedeutet, ich missbrauche die göttliche Kraft. Damit weise ich die göttliche Kraft ab und dem ewigen Bewusstsein bleibt sodann nichts anderes übrig, als seine Kraft und seine Hilfe wieder zurückzunehmen. Was passiert? Symbolisch gesprochen könnte man sagen: Ich falle auf die Nase, oder besser geschrieben: auf mein beschränktes Ego zurück.

Je mehr wir lernen, unser Ego loszulassen und statt dessen im Augenblick wieder unser wahres, inneres, unpersönliches Wesen zu empfinden und zu sein, und die göttliche Kraft sehen und dankbar annehmen, desto freier, glücklicher, souveräner, kraft- und lichtvoller werden, sind und bleiben wir, desto weiter wird unser Horizont und desto erfüllter und sinnvoller auch unser Leben als Mensch.

Das Ego loslassen

Woher kommt das Böse in diese Welt? Oder wir könnten fragen: Woher kommen die bösen Gedanken in diese Welt, die uns so viel Leid bringen? Eine Frage, welche die Menschen heute wie eh und je beschäftigt.

Wie kann jemand so brutal sein? Wie kann jemand so rücksichtslos sein, so verlogen, so niederträchtig, so gemein, so uneinfühlsam? Seit Jahrtausenden kämpft der Mensch gegen das Böse und für das Gute, innerlich wie äußerlich. Für den Kampf gegen das Böse setzt er dabei oft genauso böse Mittel ein wie das Böse gegen das Gute. Und er will das Gleiche wie das Böse: nämlich Siegen. Dem Guten zum Sieg über das Böse verhelfen. Dabei verschwinden die vermeintlich klaren Grenzen zwischen Gut und Böse sehr schnell.

Wer ist der Gute und wer der Böse? Die sich Bekämpfenden sind oft beide der Meinung, dass sie die Guten sind und gegen das Böse kämpfen. Und jeder beharrt auf seiner Position. Oft werfen beide kämpfenden Seiten dem anderen Schuld und Sturheit vor. Der andere müsste sich nur ändern und seine Schuld einsehen. Und oft fragen sich beide Seiten: Was sind das nur für Menschen, die lieber alles zerstören und kaputt gehen lassen, als dass sie ihre Fehler eingestehen, ihre Sturheit aufgeben und sich ändern.

In der Einseitigkeit der Frage liegt die Antwort: Mit dem „Ich bin im Recht" und darum „Mein Wille geschehe" dominiert die Enge des Egos, das herrschen will und somit sein will wie Gott, und darum lieber alles kaputt gehen lässt und lieber Leid und Not erzeugt, als dass es ehrlich seine Enge, seine Hilflosigkeit und sein Unvermögen zugibt und das ewige Bewusstsein um Hilfe bittet. Es bekämpft oder ignoriert das Bewusstsein, weil es vermeint, selber alles am besten zu wissen, oder anders ausgedrückt, weil es selber Gott sein will.

Das Bewusstsein aber, das beide Seiten der Medaille vereinigt, lässt sich in alle Ewigkeit nicht besiegen, weil es als Einheit und Ganzheit nicht der Trennung unterworfen ist und somit über dem Kampf und über dem Spiel von Sieg und Niederlage steht. Der Ego-Mensch dagegen ist als Kind der Trennung begrenzt und muss darum immer wieder die Enge erleben und erleiden, welche die Trennung hervorbringt, und zwar so lange, bis er seinen Eigenwillen aufgibt. Dann darf auch er mehr und mehr das Ego loslassen und erkennen, dass es gut ist, dass **der** Gott ist, der auch wirklich Gott ist: das ewige Bewusstsein, das unendliche

Liebe und Güte ist, das Licht des Lebens selbst, Schönheit und Vollkommenheit.

Wir alle müssen nicht mit den eigenwilligen Kräften mitkämpfen. Uns allen bleibt die Möglichkeit, uns dem ewigen Bewusstsein anzuvertrauen, das in unserem Herzen wohnt, und den Heils- und Lichtweg zu gehen, der uns in die Freiheit und Leichtigkeit des ewigen Seins zurückführt.

Natürlich sagt auch das ewige Bewusstsein nicht zu allem ja und amen. Es ist klar, deutlich und unmiss-verständlich. Aber es kämpft nicht, es klärt auf, hilft und löst. Wer sich von ihm helfen und aufklären lässt, den befreit es mehr und mehr aus den Fesseln des Eigenwillens und führt ihn heim in seine wahre, innere Heimat.

Das Ego loslassen und die aufrichtige Hinwendung an unser Herz bringen uns die Befreiung. Der dadurch ausgelöste Bewusstseinsprozess führt uns zu unserem wahren, inneren Ich.

Das Bewusstsein der Ganzheit

Wenn wir wach durchs Leben gehen, stoßen wir immer wieder auf diese beiden Seiten der Medaille und die gegensätzlichen Parteien: die Partei der einen und die Partei der anderen Seite, die sich kämpfend und unversöhnlich, mit großem Unverständnis gegenüberstehen. Jede Partei ist voller Vorwürfe gegen die andere und will sie besiegen. Sie fühlt sich total im Recht, wäre da nicht noch etwas Grummelndes, Unheimliches im Bauch, das ihr keine Ruhe lässt und ihr vorwirft, alles falsch zu machen. Es ist die Türe zur anderen Seite.

Das ewige Bewusstsein, das wir in unserem Herzen finden, schlägt sich weder auf die eine noch auf die andere Seite, es ist das Licht und die Erlösung für beide Seiten. Es ist die Einheit, welche die Unversöhnlichen zusammenführt und von ihrer Einseitigkeit erlöst. Es ist der wahre Kern auf beiden Seiten. Über diesen Kern ist das Verständnis für die andere Seite und die Vereinigung zu dem harmonischen Ganzen, zur harmonischen Mitte möglich.

Darum sollten wir weder uns ereifern, wenn wir nur die eine der beiden Seiten wirklich verstehen und mit ihr mitfühlen können, noch erschrecken, wenn wir uns ertappen, wie wir plötzlich, was wir nicht für möglich gehalten hätten, genau das Gegenteil von früher denken und uns plötzlich die Gegenseite näher ist. Im letzteren Fall sollten wir uns darüber freuen, dass wir den wahren Kern der anderen Seite entdecken durften und uns daran erinnern, wie wir früher dachten.

Mit unserem Herzen beschleunigen wir diesen Prozess, auch ein Verständnis für die andere Seite zu entwickeln. Uns öffnet sich dann plötzlich eine tiefere Sicht, die von beiden Seiten das Positive integriert und uns den befreienden Weg weist. Je offener wir für diesen Bewusstseinsprozess sind, desto schneller werden wir von der Enge, dem Leiden und der Illusion, welche die Einseitigkeit erzeugt, befreit. Darum kommt die Erlösung vom Herzen, von dem Zugang, den wir dort zum ewigen Bewusstsein haben, welches das Bewusstsein der Einheit, das Bewusstsein der Ganzheit, ist: Gott!

Frei agieren

Den Unterschied zwischen agieren und reagieren oder sogar abreagieren zu kennen, erachte ich als wichtig. Unser wahres, innerstes Ich handelt selbstbestimmt, also aus sich selbst heraus, ohne Einwirkung irgendwelcher Zwänge. Von spontanen Reaktionen, z.B. bei Gefahren, wo eine schnelle, vielleicht sogar eingeübte Reaktion notwendig und sinnvoll ist, abgesehen, reagiert ein freier Mensch nicht auf innere oder äußere Einflüsse, sondern ruht im Herzen und agiert aus seinem wahren Selbst heraus. Natürlich sind wir Menschen alle noch nicht so frei, dass wir immer nur aus der inneren Ruhe heraus reden, handeln und entscheiden können, aber das ist für einen Menschen, der wieder bewusst zurück zu seinem wahren Wesen strebt, ein Ziel.

Solange wir reagieren, sind wir ein Spielball von anderen. Der Spruch: „Ich bin nicht auf der Welt, um so zu sein, wie andere mich gerne hätten", zeigt, wie sehr es uns Menschen ein Bedürfnis ist, frei zu sein und nicht bestimmt und gelebt zu werden. Solange wir aber am Reagieren sind, werden wir gelebt, lassen wir uns von anderen Menschen bestimmen. Ob wir auf äußere Einflüsse von anderen Menschen, z.B. auf Vorwürfe, Vorhaltungen, Provokationen, Kritik oder umgekehrt auch Schmeicheleien reagieren, oder auf bloße gedankliche Einflüsse, z.B. auf die Einwirkungen unseres inneren Kritikers, es ist ein und dasselbe und zeigt uns unsere Unfreiheit.

Das zu realisieren und einmal bewusst zu beobachten, ist schon ein guter Schritt in Richtung Freiheit. Wer allerdings dabei glaubt, er könne sich mit dem Verstand in Griff bekommen, irrt sich und frönt einer Illusion. Um wirklich frei zu werden, brauchen wir die Hilfe unseres Herzens, denn im Herzen haben wir einen Zugang zum Bewusstsein. Das Bewusstsein ermöglicht uns den Bewusstseinsprozess, der uns von der Peripherie in unsere Mitte zurückführt, in der wir in uns ruhen.

Bewusstsein ist der Weg

Nicht der Kampf, sondern das bewusste Sein ist der Weg, der uns glücklich macht. Die selbst geschaffenen Gedankenenergiefelder, in die wir verwickelt sind, wollen uns, ihre Erzeuger, ständig in sich zusammenhalten, denn sie brauchen unsere Energie. Sie leben von uns und durch uns. Wenn wir sie loswerden wollen, dann versuchen sie uns in einen Kampf zu verwickeln, um wieder unsere Aufmerksamkeit zu bekommen.

Solche Gedankenfelder fangen allmählich an, ein Selbstleben zu führen, je mehr Menschen in sie verwickelt sind, je länger sie existieren und je größer sie geworden sind. Plötzlich bestimmen nicht mehr wir, ihre Erzeuger, die Gedankenfelder, sondern die Gedankenkomplexe bestimmen uns. Wir, ihre Erzeuger, haben den Überblick und Durchblick verloren, und die Felder führen ein Eigenleben, an dem zwar alle noch irgendwie beteiligt sind, aber als gefangene, gesteuerte, unbewusste Mitwirker.

Diese Gedankenfelder bombardieren uns dann unter Umständen gezielt mit entmutigenden und abwertenden Gedanken, um uns in unseren Schwachstellen zu treffen, damit wir uns gegen sie kämpferisch zu wehren beginnen. Wir reagieren auf sie und schießen zurück. Und schon haben sie, was sie wollen: unsere Energie, unsere Zuwendung und Aufmerksamkeit. Denn trotz Ihrer Verselbständigung leben sie nur durch uns und durch die Energie, die sie uns nehmen können. Und weil wir aus der Ego-Schwäche heraus reagieren, statt aus unserem wahren Selbst zu agieren, ist es ihnen möglich, uns zu bestimmen, zum Beispiel uns abzuwerten und klein und wertlos zu machen, sprich: unsere Energie für sich zu nehmen. Wir sind im Zustand der Unbewusstheit ihnen ausgeliefert und von ihnen abhängig.

Der Ego-Gedankenkomplex sagt uns zum Beispiel: „Du bist schwach". Wir antworten aus dem Ego reagierend darauf: „Nein, ich bin stark." Diese Antwort aber ist eine Illusion. Als Ego, als das wir reagieren, sind wir wirklich schwach. Da hat der Komplex Recht und hat es somit leicht, uns zu treffen und zu besiegen, uns abhängig zu machen. Er ist auf der stärkeren Seite, weil er die Wahrheit sagt. Wir alle sind als Egos eng und beschränkt und machen uns etwas vor, wenn wir das Gegenteil behaupten.

Der Ego-Gedankenkomplex freut sich, denn er kann gut von unserer Energie leben. Ob wir ein Sieger- oder Verlierer-Ego sind, ist ihm egal. Er weiß beide Ego-Seiten zu seinen Gunsten zu nutzen, also auf Kosten beider Seiten zu existieren.

Nicht egal aber ist es dem Ego-Energiefeld, wenn wir das Ego loslassen. Wenn uns bewusst wird, dass das Ego als eigenwilliges, von der göttlichen Einheit getrenntes Wesen zwangsweise immer beschränkt und unvollkommen ist, und der Weg darum nicht die Stärkung und das Ausleben des Egos ist, sondern das Zurück zur Einheit. Dann verlieren der selbst geschaffene Ego-Gedankenkomplex und die ihm dienenden Egos ihre Macht über uns, und wir entwickeln uns heraus aus der Ego-Gedankenverwicklung. Wir werden wieder freier und finden zurück zur Leichtigkeit unseres wahren Seins.

Zur Besinnung kommen

In unzähligen Filmen wird es uns gezeigt: Ein Ereignis oder ein Konflikt bringt einen Menschen, der offensichtlich daneben ist, plötzlich zur Besinnung. Er kommt ins Nachdenken, in ihm bewegt sich viel, Gefühle überwältigen ihn, wie Schuppen fällt es ihm plötzlich von den Augen, was er falsch gemacht hat. Das Falsche tut ihm aufrichtig leid, Tränen rollen – meist auch bei den Zuschauern. Er versöhnt sich mit seiner Umgebung, bittet um Verzeihung und will wieder gut machen.

Dass es bei uns Menschen solche Bewusstseins-Durchbrüche gibt, ist uns allen klar. Warum aber müssen wir oft so lange darauf warten?

Weil wir uns nicht darum bemühen. Weil wir uns nicht ehrlich und aufrichtig an das Bewusstsein wenden, weil wir ihm nicht die Türen öffnen, damit es uns helfen kann. Im Gegenteil, wie verschließen ihm mit unserem Verstand und unserem vielen Wollen, unserem „Mein Wille geschehe" und unserem Besserwissen jeglichen Zugang. Darum müssen wir auf die Bewusstseinshilfe warten bis zum Gehtnichtmehr.

Das aber muss nicht sein. Das Bewusstsein klopft jeden Augenblick an unsere Herzenstüre und bittet uns, uns helfen zu dürfen. Öffnen wir ihm demütig die Tür mit der aufrichtigen Bitte um Hilfe und mit dem „Dein Wille geschehe", dann sind in uns laufend befreiende, glücklich machende Bewusstseinsprozesse unsere Realität!

Das Erwachen sehen

Die Elite dieser Welt mit ihrer neuen Weltordnung verfolgt, oft erst im Nachhinein für uns wahrnehmbar, einen Plan, den sie Schritt für Schritt umsetzt. Hat Gott auch einen Plan, um uns Menschen aus der selbst geschaffenen Enge und aus dem Joch von Macht und Gewalt zu befreien? Der Plan Gottes ist, wie ich es sehe, das Erwachen des Bewusstseins in uns, die Entwicklung der Verwicklung.

Die äußere Welt ist nicht so fest, so materiell, wie wir denken. Auch die aus unserer Sicht äußere Welt ist letztlich nur eine Gedankenwelt. Ändern die Gedanken und die Gedankenballungen, die Emotionen und Gefühle, dann ändert sich auch diese Welt. Darum hat schon Jesus sinngemäß gesagt, dass der Glaube Berge versetzen kann. Glauben wir an die Befreiung und denken wir im Sinne des ewigen Bewusstseins wohlwollend, aufbauend und für- und miteinander, dann wird diese ersehnte Welt entgegen allen scheinbaren Unmöglichkeiten, aus materieller Sicht betrachtet, unsere Realität. Warum wollen uns die alten Strukturen immer nur das Negative sehen lassen? Weil sie davon leben.

Die göttliche Welt, wie wir sie uns auch für diese Erde wünschen, kommt von selbst, wenn wir uns vom göttlichen Bewusstsein ehrlich, dankbar und demütig führen und helfen lassen. Die ersehnte Welt lebt davon, dass wir sie in uns wahrnehmen und uns von ganzem Herzen, aber ohne Fanatismus und ohne Eigenwillen, für sie entscheiden.

Das Erwachen ist im Gange. Sehen wir es bei uns und bei den anderen Menschen, und freuen wir uns daran. Geben wir diesen Gedanken bewusst Raum und Kraft. Sind wir Gott, der dieses erwachende Bewusstsein ist, auch von ganzem Herzen dafür dankbar und lassen uns kindlich vertrauensvoll mehr und mehr von ihm führen.

Und sollte trotz aller unserer Bemühungen die Blindheit, der extreme menschliche Eigenwille, diese materielle Welt noch mehr vereinnahmen und ins Dunkle führen, so gehen wir mit unserer Seele dennoch den Weg ins Licht. „Mein Reich ist nicht von dieser Welt", ist von Jesus überliefert. Das gilt auch für uns: Unser wahres Leben, unsere wahre Welt ist die innere, feinstoffliche Welt des ewigen Seins, in der wir als Kind Gottes im ewigen Bewusstsein sein dürfen. Mit einem bewussten Leben und einer bewussten, aber ehrlichen, demütigen, kindlichen Entscheidung für das ewige Bewusstsein, für Gott, sind wir auf jeden Fall auf dem richtigen Weg ins Leben, in die Freiheit, ins Licht. Freuen wir uns an all den vielen Menschen, die mit uns diesen ehrlichen Lebensweg beschreiten, und lassen wir Gott uns mit ihnen verbinden. Jeder darf in jedem

Augenblick diesen befreienden Weg nach innen ins Licht gehen und sich ehrlich Gott anvertrauen, wenn er das selber will, sprich: genug vom Eigenwillen und dem damit zwangsweise verbundenen Leiden hat.

Wann immer wir uns an das ewige Bewusstsein mit der Bitte um Hilfe und Führung wenden, kann der freie Geist in uns und durch uns das momentan Bestmögliche tun. So sähen wir immer das Bestmögliche, und das Bestmögliche kommt als Wirkung auf uns zurück. Auf diese Weise führt uns der große Geist über das wachsende Bewusstsein in eine immer größere Freiheit und Leichtigkeit.

Anmerkungen

1)   Angelika Rowetter: Den Inneren Kritiker zähmen. Strategien und Übungen für ein gutes Selbstwertgefühl. 2. Auflage. Klett-Cotta 2015. Seite 70.

2)   Tom Holmes mit Lauri Holmes: Reisen in die Innenwelt. Systemische Arbeit mit Persönlichkeitsanteilen. 8. Auflage. Kösel 2007.

3)   US-amerikanischer Film von Ry Russo-Young: Wenn du stirbst, zieht dein ganzes Leben an dir vorbei, sagen sie. 2017.

4)   Jochen Peichl. Rote Karte für den inneren Kritiker. Wie aus dem ewigen Miesmacher ein Verbündeter wird. 3. Auflage. München 2014. Kösel

5)   Film von Regisseur Taylor Hackford. Im Auftrag des Teufels. 1997

Weitere Bücher von Rolf Börlin im Verlag tredition:

Schluss mit dem bösen Gott
Aus der Enge in die Freiheit. 185 Seiten. 2016.
ISBN 978-3-7345-1161-5 (Paperback)
ISBN 978-3-7345-1162-2 (Hardcover)
ISBN 978-3-7345-1163-9 (e-Book)

Die Freiheit kommt vom Herzen
Die Entwicklung der Verwicklung. 125 Seiten.
2018.
ISBN 978-3-7469-4033-5 (Paperback)
ISBN 978-3-7469-4034-2 (Hardcover)
ISBN 978-3-7469-4035-9 (e-Book)

Das vegane Suppenkochbuch
Suppen neu entdecken. 157 Seiten. 59 ganzseitige Abbildungen. 2017.
ISBN 978-3-7345-7037-7 (Taschenbuch)
ISBN 978-3-7345-7038-4 (Hardcover)
ISBN 978-3-7345-7039-1 (e-Book)

Besuchen Sie auch die Website von Rolf Börlin:
www.fit-ja.de

Zeitfracht Medien GmbH
Ferdinand-Jühlke-Straße 7
99095 Erfurt, Deutschland
produktsicherheit@kolibri360.de